I0839784

Antología del Porqué México Necesita al PRI

Ideas e Ideales
Explicados y Detallados

Cristian T. Hernández Meza

Nadezhda V. Pimenova Gercen

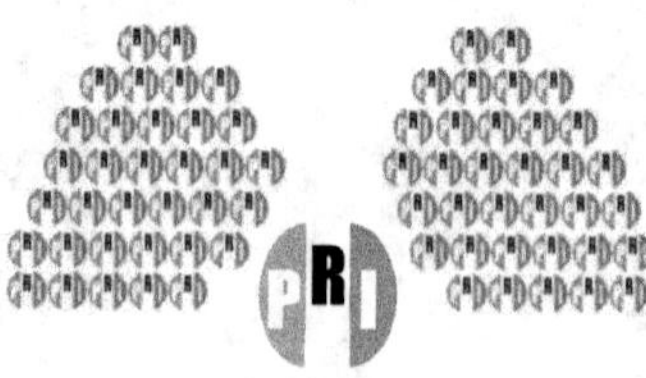

Antología del Porqué México Necesita al PRI

Ideas e Ideales
Explicados y Detallados

Cristian T. Hernández Meza

Nadezhda V. Pimenova Gercen

Edición de βolsillo

Fotografía de portada: PresidenciaMX 2012-2018

Diseño: MundoAbisal

Copyright © 2018 Cristian T. Hernández Meza

Reservados todos los derechos

ISBN-13: 978-1986104913

ISBN-10: 1986104915

Edición de βolsillo: 1.7.3.29 — Marzo 2018

Copyright © 2018 Editorial **MundoAbisal**

Cualesquiera que sean las formas o medios de reproducción, distribución, transmisión o transformación de esta obra, ya sea total o parcial, pueden ser realizados con la previa autorización del editor, a excepción de las previstas por ley.

…a sabiendas que nuestras armas no disparan balas, nuestras armas disparan verdades.

CÁNDIDO RÍOS
Nueve días antes de su asesinato

DESAGRADECIMIENTOS[1]

¯_(ツ)_/¯

Quiero desagradecer primordialmente al actual **cáncer de la sociedad mexicana** que es, por antonomasia, el **Partido Revolucionario Institucional (PRI)**.

A Pérfido *el Maicero* Díaz, que nunca tuvo la intención de un tren de pasajeros, sino de ferrocarriles de dinero.
Llorón de Icamole… Los 50 mil focos, las represiones de Cananea y Río Blanco, la esclavitud en Valle Nacional y el genocidio de apaches, comanches, yaquis y mayas no se olvidan.
En caliente *bon voyage et bon séjour!*[2]

Al real cólico de la historia revolucionaria,
♫ *La cucaracha* ♫ *la cucaracha* ♫[3]
Dictusurpador[4] José *Judas* Victoriano *Conspitraidor*[5]
Huerta *el Chacal* Márquez *Magnicida* ●●
¡Félix*es* Díaz!*[6] & *Enjoy your Evergreen stay!*[7]
En el Paso Te jaspearé $\pi\pi$ sin Merced; es Águila[8]
Constitucionalista mi ofrenda de peso Villista[9].
Enriquéceme que me vivo la nefasta lamentación de

la intervención; *¡vale Wilsob!*[10]

'así[11], tu *panchipeda*[12], cuando llegó el *coup d'état*[13],

terminó en una de las *pálidas*[14] más crudas de la historia.

Roach bis[15]... El *facto* de la *ciudadelaembajada*,

la Decena Trágica y *chacalear* al *aposto de la democracia*[16]

no se olvidan.

Átomo C Año C ⇄[17]

Al Varón o *Bregón* Salido, *invictus*[18] canon del cañón,

mancomunándonos a su obra: ~~Tratados~~ Trata de

~~Bucareli~~ Buccarely[19].

Él Porfió Días en su lección×lección = re-lección.

El que se *Carranceó* a Villa, perdió su Quinta Silla.

Man, come on!

Al **Cacachorro** con *Televisonrisa el Pa'* Mickey

Ademán[20], metástasis de dicho cáncer, *id est*, el PRI.

Yep, this was the 067 [21]

(,)(_)3 (#1 | \ | 9(_)3 4 5(_) | \ / | 4 [)®3 [21]

💩

A Adolf Ruiz *Cortín* es represión en acción, el

civismo del cinismo: *perdimos, mi pollo, perdimos (!)(?)*[22]

¡Colaborador de las fuerzas invasoras en la

ocupación estadounidense de Veracruz de 1914!

Al casi-abogado y cuasi-mexicano (¿Carlos?) *Chapín*
López Paseos, "La Manera Siempre la Hay"[23].
Por golfo de México, sus viajes y viejas,
nos dejaron a hordas.

A Gustav *Gun* D. Ordaz[24]. *Tribi Trancas…*
Dos de octubre no se olvida.

A Ludovico *el Quedarebien con Suelas* Echeverría:
arriba la inflación y adelante la deuda.
Loco… El halconazo y la guerra sucia no se olvidan.

Al estándar del nepotismo can *do it*, *Jolopito* López
el Perro Porpillo, la tesitura del derroche del piano de
Carmen Romamó, el daño cinematográfico de las
ficheras de Mamarita López y lo negro de Arthoúros
Durazazazo.

Al *Neolibertino Mr.* Mike Gray que ~~no~~ le dio
en la Madrid al ~~fraude patriótico~~ sistema democrático.

A la caída del sistema orquestada por el *Cachaputero*[25]
y *Hastaahoraizquierdista*, Manuel *Hazmeelpinchefavor*
Bartlet.

Al TaL CAN, cleptóȼrata[26], mangante y magnate
#CharlieCharlie[27] Salinas O'Deportari.

Al bolero-basculero ˌº [28], *Neto* la neta… El Fobaproa[29]
y las masacres de Acteal, Aguas Blancas y el Charco
no se olvidan.

A los des*gobernadores,* licenciados licenciosos,
corruptos impunes, prófugos enjaulados y
Société Caviar del Estado fallido[30].

A los dinosaurios, cavernícolas, caníbales,
antropófagos, zoológicos, flora y fauna de
"Voto Duro y Hueso Colorado"[31].

A las auténticas drogas y *Stupidfacientes*[32] de la
república de gregarios: televisa, el fútbol y la religión.

A la memoria de la desmemoria y sopor del país del
Ombligo de la Luna.

Al impávido *déjà vécu, déjà fait, déjà senti, déjà pensé,
déjà raconté, déjà éprouvé, déjà entendu* y *déjà vu* de la
devaluación **sexænal**[33].

A las meretrices del *superficial state*, los
prosti*periodistas*[34], que libran batallas gracias a la
feria del chayote[35].

To the Mexican Procrastination of the Democracy[36].

A la ***idiōtēs***[37] moral que vendió su voto, dignidad y
oportunidad.

Y a la actual cabeza de la *Hidra de Lerna,*
el Vendepatrias[38] calado, EPeNi[39]...
Ayotzinapa no se olvida.

A María del Carmen **Aristegui** Flores,
el **5anto** y
Cándido Ríos Vázquez

PREFACIO

Hacia 1946 surgiría un resplandor político que enarbolaría las causas más justas y puras.

Un sector mayoritario de la población creyó en la falacia de que

el postrevolucionarismo mexicano no vería nacer un partido político de gran envergadura.

Sin embargo, el pueblo estaba comprometido y con una seguridad plena de que

es primordial fraguar con maestría una unidad holística, nacional y plural

para conquistar los más humanos y nobles ideales progresistas.

La historia atestiguaría que era un disparate considerar que

El Partido Revolucionario Institucional (PRI) no solucionaría los problemas nacionales

como siempre lo ha propuesto.

No obstante, se demostró contundentemente que

la justicia social es el eje rector de su agenda programática y que "el ejemplo lo darán los funcionarios".

Aún existen personas con poco entendimiento y raciocinio que piensan que,

tal como lo dijo el primer candidato presidencial del PRI Miguel Alemán Valdés, no es posible

"Pugnar en los comicios por un triunfo democrático, sin coacciones, sin engaños ni violencias;

respetando el veredicto del pueblo aunque éste nos sea adverso" ; y

A la llegada del PRI al poder, las facciones más democráticas trabajaron para demostrar que

se extinguiría la impunidad, los compadrazgos y las prácticas fraudulentas, pues

El PRI luchó por la vía institucional y selló ferozmente su postura, manifestando que por ningún motivo

fallecerían las proclamas de la Revolución Mexicana y la Constitución de 1917.

La estructura del PRI, siempre demostraría con acciones que cumpliría sus objetivos sin importar que

fuese necesario reconstruir el país casi desde sus cimientos, y poner a los traidores como

excluidos del plan nacional para profundizar en el desarrollo; y así

los sectores agrario, obrero, popular, y demás corrientes sociales y progresistas fueron

los engranajes que movilizaron y aún despliegan la rectoría en las acciones del partido.

El nepotismo, el tráfico de influencias, las corruptelas y la injusticia fueron

aspectos que el PRI jamás acogió ni respaldó.

"Democracia y justicia social":

se nos olvida que esa exclamación es el lema del partido.

"Yo soy un soldado del PRI". ↕↑[41]

Facts More Than Words.

CTHM

El establishment y su maquinaria pretenden aplastarnos. Reprogramémosla UNIDOS.
HMF

Нужно просто поверить в то, что Вы в состоянии изменить мир вместо того, чтобы плыть по течению, и у Вас действительно получится это сделать.

ПНВ.

Existen humanoides que no permiten que se descubra que la democracia es uno de los mejores caminos hacia el verdadero progreso. A ellos se les debe combatir a punta de librazos.
HMF

Y conoceréis la verdad, y la verdad os hará deprimirse.

CTHM

"Es un Motivo muy Motivante"

Enrique Peña Nieto

Como candidato presidencial de la coalición "Compromiso por México"

Del video *Mi experiencia del día en que conocí a Enrique Peña Nieto.*
Puerto Vallarta, Jalisco, 17 de Abril del 2012.

ÍNDICE[43]

PRI
MÉXICO
CON EDUCACIÓN
DE CALIDAD

Antología del Porqué México Necesita al PRI

SEGURIDAD, JUSTICIA Y ANTICORRUPCIÓN

Infraestructura y Turismo

MÉXICO INCLUYENTE

RESPONSABILIDAD GLOBAL

MÉXICO PRÓSPERO

CÁNCER DE LA SOCIEDAD MEXICANA:

EL PARTIDO REVOLUCIONARIO INSTITUCIONAL

PRI

<u>NOTAS</u>

0) Se deja por sentado que la imagen del partido de dictadura *sui géneris* (⬛), puede intercalarse sin problema alguno por el trébol radiactivo (☢).

1) La lista incluye organizaciones e individuos nominados al Premio *Lebon*, que es un galardón propuesto por *MundoAbisal* para reconocer a personas o instituciones que hayan contribuido notablemente al proceso de deshumanizar México. Se pretende que la presea tenga la forma de cenizas y esté hecha por escombros recabados del lugar donde sus lamentables hechos hayan tenido un mayor impacto. El diploma será un billete, de la menor denominación en curso, que llevará el nombre de los laureados y la leyenda utilizada en el anverso del peso de 1914 del Ejército de la división del norte (GB86, KM621, MS62 NGC). Los ganadores recibirán pagarés por el monto total de los daños que hayan causado. Paralelamente, se solicitará erguir estatuas de los des-honrados o monumentos de los des-hechos para ser colocados en el Continente de Plástico, también llamado *Great Pacific Garbage Patch,* o conocido como la Isla de Basura. Este reconocimiento es, literalmente, lo opuesto al Premio Nobel (*l-e-b-o-N* ⇆) y análogo a los premios *Golden Raspberry*. Nada que ver con la expresión francesa *Le Bon* (El Bueno).

2) Traducido del francés al español como: ¡Buen viaje y disfruta tu estancia! El caballero José de la Gran Cruz Porfiado y condecorado con la Orden del Baño (ahora sí que se la bañó), se dijo: "Hasta aquí *Mori*" y reposa en el Montparnasse del país galo (ahora sí que *se la galó*).

3) Revo-corrido adaptado y adoptado, como himno de guerra, por las tropas villistas contra Victoriano Huerta. La canción tiene distintas versiones, sin embargo, la cantaleta más popular cuenta que "La cucaracha, la cucaracha ya no puede caminar; porque le falta, porque le falta marihuana que fumar". El *cucarachacal* (cucaracha + chacal) bebedor del brandy procedente de la ciudad de Cognac y fumador de cannabis sativa, al intercalar entre la hierba y el etanol, metafóricamente reemplazaba su nacionalidad (se ponía *persa* –ebrio); y se cambiaba de apellido (se ponía *Pacheco* – drogado), a pesar de su estado *cross-faded* (pachipedo) era *f*uncional, aunque, *así* [11] difícilmente quería caminar o abrir las puertas para atender a los vecinos del norte. Se dice que *el traidor* rebosaba como el corazón de Frédéric Chopin, en Coñac.

4) Acrónimo producido por los sustantivos dictador y usurpador; la perversidad del personaje no tiene paridad en los apelativos que describen su identidad.

5) Conformado por las palabras conspirador y traidor. ¿La ocasión hace al conspirador? ¿Abierto el cajón, convidado está el traidor?

6) Parónimo de las siguientes frases:
   a) Felices Días. Deseando, de manera sarcástica, que Huerta pase felices días disfrutando de su riqueza depositada en el banco *Conciencia Universal* (como lo suscribió en su renuncia), además, denominándose honrado, puritano y caballero, y re-mató bis: "Dios los bendiga a ustedes y a mí también".
   b) Félix es Díaz. Refiriendo, de forma satírica, a Félix Díaz *el Sobrino de su Tío* (Porfirio Díaz), quien, junto con Victoriano, firmó el Pacto de la Embajada *a.k.a.* Pacto de La Ciudadela, i.e. El Cuartelazo, esto es, La Decena Trágica. En ese acuerdo contrarrevolucionario, se disponía que Huerta asumiría la presidencia de la República de forma provisional y, en las siguientes elecciones, favorecería a Félix Díaz. Sin embargo, *el Chacal,* al tomar el poder, cambio al gabinete previamente acordado y exilió al *Sobrino* Díaz. Divisa revolucionaria:

{ ✹ Hoy N⊘ se Confía, Mañana Sí ✹ }

7) *Enjoy your Evergreen stay!* Es un *pun,* traducido del inglés como *juego de palabras*; concretamente una polisemia, con los posteriores significados:

a) ¡Disfruta tu estadía en Evergreen! Frase irónica relacionada con la localización de la tumba del *traidor Huerta,* pues sus restos están depositados en el cementerio Evergreen Del Paso Texas, cabe mencionar que *el usurpador Victoriano* fue sepultado en el panteón Concordia de la misma ciudad y más tarde fue movido al lugar actual. Del mismo modo que Porfirio Díaz, los *Huertistas* ya han solicitado su traslado a México ▣▣ (←ojo cuadrado). Como dato adicional, Evergreen es la calle donde viven los Simpson y se traduce como Siempreviva ¡Ay, caramba!

b) ¡Disfruta tu permanencia siempre verde! *Ever green* puede ser literalmente traducido del inglés al español como: *Siempre verde;* considerando que *el Dictador* fumaba demasiada de la (diosa) verde, *id est,* mota, éste permanecería siempre verde.

c) ¡Disfruta tu estancia eterna! *Evergreen* es un término anglosajón que refiere a un tipo de contracto de duración indefinida o que se renueva tácitamente de forma automática. Por consiguiente, se dice, de forma irónica, que *el Judas* disfrutará su estancia eterna en EUA, pues, en su testamento solicitó que sus restos fueran llevados a Colotlán, Jalisco, México. Sus paisanos del *Lugar de Alacranes,* ya lo esperan con nombre de calle y lugar para su monumento, *no fµ¢κ!η9 kidding!* Agregando a la chuza chusca, actualmente hay escuelas y calles con el nombre del *Muso de la Cucaracha*. Sumando a la rechifla, en la ciudad de México hay una calle en honor *al flamante* Iósif Vissariónovich Dzhugashvili, mejor conocido como el dictador Stalin, да-да. "El que quiera la repatriacioncilla que se forme", el ayuntamiento de Oaxaca lleva rato formado en su petición de repatriar al *"mejor presidente que ha tenido méxico"*: José de la Cruz Porfirio Díaz Mori.

8) "...sin Merced; es Águila..." Frase con jiribilla, así que, acompáñenme a leer esta triste historia: Victoriano Huerta estaba enamorado (¡hey!, hasta existen corazones artificiales basados en los blatodeos) de Mercedes Águila, pero Meche se casó con el general Joaquín Maas Flores (quizá la conquistó *maas* su clavel). Todo esto causó que *el Chacal* ahogara sus penas en "Tragos de amargo licor" y se esfumará el verde "Color esperanza", muy probablemente, él se dijo (y auguró – le faltó el "¡Tocó madera!") "Que yo sin ella de pe*nd*a muero" y para estar cerca de ella, se consuma amada ocurrencia, salió a casarse con la hermana: Emilia Águila. Incluso, *Victo* fue *el Padrino* de uno de los hijos del matrimonio Maas Águila. Y vienen más Águilas en su existencia.

9) "..peso Villista". En 1914 Velardeña, Municipio de Cuencamé del estado de Durango en México, acuñó la moneda más popular dentro del villismo y muy conocida por la numismática

revolucionaria (GB86, KM621, MS62 NGC). La divisa, lleva el valor de 1 Peso y la leyenda, al pie del Águila Constitucionalista, "**Muera Huerta**". Ese villano usurpador había dictado la orden de fusilar-sinvestigar, *business as usual,* a cualquiera que poseyera esta divisa.

10) Otro de los personajes clave en el *Facto* de la Embajada fue Henry Lane Wilson. La frase conforma los calambures siguientes:

a) "Enriquéceme que me vivo" → "Enrique que se queme vivo". Henry traducido al español es Enrique, entonces ya sabemos a qué y a quien se refiere la sentencia.

b) "La nefasta lamentación de la intervención" → "Lane fasta lamentación de la intervención". En este contexto, dicha intervención representa el golpe de estado auspiciado por de la Embajada gringa y desarrollado en La Ciudadela. La escena fue denominada como La Decena Trágica, sin embargo, este movimiento armado realmente duro más de 10 días.

Y se cierra la oración con el parónimo "¡vale Wilsob!", que es una fusión de las expresiones *¡Vale Wilson!,* eufemismo de *¡Vale Madre!,* el nombre del embajador Wilson, las siglas SOB (del inglés *son of a bitch –hijo de perra),* y *vale* (camarada, compinche)para referirse a una persona; todo esto genera ¡vale *Wilson-son-of-a-bitch.*

Adjunto DFectuosos saludos 💣 para Manu *el Alma* Mondragón, igualmente re-conocido como *el Grillero*.

11) *'así* es una vocablo del idioma Huichol (Wixaritari Waniuki), que traducido al castellano significa *cucaracha*. Recordar que la madre de Huerta (si tenía, ¿ok?) pertenecía a dicha etnia. *¡Tatáta!*

12) Acrónimo formulado como sigue:
   a) Pachipeda. En el popular mexicano, es la acción, con efecto, de mezclar alcohol y mariguana.
   b) Panchito. Alusión a una de las víctimas de Huerta: Francisco I. Madero González. El espiritista/apóstol, cargaba con ese mote debido a su altura (~1.48 metros), de pilón, después de su asesinato, difamadores corrieron el rumor de que la "I" era de Inocencio o Ingenuo, luego de Indalecio. Sin embargo, de acuerdo a los archivos de Coahuila, su segundo nombre es Ignacio.

13) Tomado del francés para nombrar a un golpe de Estado.

14) Coloquialmente, al malestar resultante después de haber consumido marihuana en exceso se le denomina *la Pálida*. Formalmente se le conoce como hipotensión cannábica u ortostática.

15) *Roach* forma una polisemia tomada del idioma inglés y se explica a continuación:

a) Para referirse a una cuca, es decir, una cucaracha

b) Para nombrar a la colilla de un cigarro de mariguana.

Se utiliza el adjetivo *bis* para referirse de ambas-dos (dijera Fox) formas a nuestro *ilustre* personaje.

16) Francisco I. Madero González, el *apóstol de la democracia* terminó con el término de *aposto de la democracia*…, y perdió, pero él de a caballo, *Destinado*, se jugó el albur sin baraja de oro…, y *ni modo*.

17) Bifronte: →ı "Átomo C Año C" ı← "Coñac O MOTA". Coctel de suplementos alimenticios del 40° Presidente de México, por supuesto, con maridaje de fritangas "El Monchis". Tal parecería que en su Cadillac, donde despachaba su dictadura errante, portaba una calcomanía transparente en el vidrio trasero, como en escritura en espejo, que pudiese ser leída en ambos sentidos con su mantra:

ÁTOM O ƆAÑOƆ
CÓNAC O MOTA

Véase a trasluz

18) No confundir con el poema "Invictus" del inglés William Ernest Henley. Aunque, curiosamente, ambos perdieron una extremidad y la mencionada obra, en su último párrafo, aparece una especie de premonición: *"No importa cuán estrecho sea el camino, cuán cargada de castigos la sentencia..."*; aún existe una controversia sobre el número de armas (ergo enemigos) empleadas en la última vez que existió un magnicidio de un presidente (y reelecto) en México. Bueno, gracias a las reformas de gran calado (que calan -*penetran en lo hondo*), desde el 2018 los diputados, senadores, legisladores locales, alcaldes, regidores y síndicos ya pueden relegirse, ahora sí que necesitaremos un nuevo calendario cívico Mexicano, remover los días festivos pro-revolucionarios (5 de febrero, 18 de marzo, 1 de mayo, 16 de septiembre, 20 de noviembre) y agregar los festejos de los movimientos anti-revolucionarios (18 de enero, día del PRImate; 10 de febrero, día del MiRey o del Güey Tlatoani; 11 de agosto, día de la ex-expropiación petrolera; 2 de diciembre, día de la dependencia de facto por México). Pronto, se cumplirá la misión iniciada en el billete del Centenario que vale 100 *čingarátzincos*, pero ahora, celebrando la des-revolución con su serie AD-Jº Der.: **"Sufragio Electivo, № Reelección‿∞"**. Lo surrealista del tema de la re-lección es que Porfirio Díaz, en el Plan de Tuxtepec/De la Noria, pedía ~ el sufragio

efectivo y la no reelección 🎭 contra la REELECION del presidente Benito Juárez en *Tha Power*. Como dicen en Nayari sic. *esas van a Acaponeta.*

Ucronía *Eluviera*: ¿Qué hubiera pasado si un *Dr. Simi* hubiera curado la angina pectoris al Benito de las Américas y éste hubiera seguido otros 14 años –*tres periodos* en la silla Mexa?

Recogiendo con las *requelecciones*, más tarde, "Sufragio Efectivo y No Reelección" fue el slogan utilizado por Fco. I. Mdro contra Porfis; ¡Oi nomás K-Paz!

Todo esto para decir que *Invictus,* del latín invicto, alude al *Manco de Celaya* (aunque el brazo lo perdió en la batalla contra el ejército villista en Santa Ana del Conde, en el Estado de Guanajuato del municipio de León) que también armado con puro calibre $50 mil, fue el único General invisible de la revolución, al no perder una batalla, solo un brazo y no darle el Vº Bº a su bosquejo. Y... ¿Quién *magnicidió* al *Invictus*?... CALLESe la boca y PORTESe bien, ¿PAS?... ¡CUAL!, mejor A BELAR DOn MAXIMATO.

19) ~~Bucareli~~ Buccarely es ~~la calle, con número 85, de la Ciudad de México donde se ubica el edificio federal que fue sede de dichas negociaciones~~ derivado de las palabras inglesas *buccaneer* (bucanero, especulador) y *rely* (confiar). Los acuerdos de ~~Bucareli~~ Buccarely, ~~fueron~~ son las actas de ~~convenios~~ instrucciones por parte de los

~~Estados Unidos~~ *buccaneers* a ~~México~~ vende-patrias. Los políticos ~~honorables~~ abyectos, vis a vis, suscribieron las convenciones de reclamaciones, una especial y otra general, para la resolución ~~de jure~~ de facto de las demandas ~~bilaterales~~ unilaterales. Dichos pactos, se debieron a que el ~~vecino del sur~~ patio trasero solicitaba ser reconocido, como un gobierno ~~legal de la revolución~~ leal a la contrarrevolución, por parte de su ~~vecino del norte~~ invasor-de-1848. El resultado fue que el ~~gobierno~~ desgobierno ~~mexicano~~ surrealista ~~alcanzó una justa negociación~~ se bajará los *panta-chones* y se le activara el ~~protocolo de Estambul~~ síndrome Estolheimer (Estocolmo con grado de Alzheimer). Para el bien del ~~país~~ deep state, ~~fue~~ es importante que los acuerdos, disquisiciones, minutas y ~~plebiscitos~~ tributos, se ~~llevaran~~ lleven a cabo de forma ~~visible, transparente, con dignidad, decoro y soberanía~~ oculta, difusa con indignidad, impudicia y servilismo, para evitar ~~tergiversaciones~~ rebeliones. Así, ~~la nación Mexicana~~ *the backyard* de nuevo se encuentra ~~preparada~~ sometida en confiar (*rely*) en su ~~amigo~~ agiotista y ~~vecino~~ verdugo.

Inspeccionando el árbol genético de los hechos, se observa que este tipo de operaciones ~~son~~ valen madre ~~de~~ como ~~los tratados~~ la trata: TLCAN, ASPAN, Plan Mérida, Pacto Por México, ALCA, TPP, Proyecto Mesoamérica, OMC, FMI, Banco Mundial, ~~etcétera~~ *etcetera*. Similarmente, las

~~transacciones~~ transas anteriormente mencionadas son ~~déjà vus~~ déjà vécus de los ~~acuerdos añejos~~ desacuerdos anejos:$ Tratado Guadalupe-Hidalgo, Tratado Gadsden, Tratado McLane-Ocampo y ___ ___ __ ________ .

#EmpobrecerAlVecino #BeggarThyNeighbour
#PalestinizaciónMexicana #BalcanizaciónMexicana.
#CausaIrredentistaMexicana #Reconquista #Revanchismo
#ArchipiélagoDelNorte #IslaClipperton #Aztlán
#ChicagoBoys #EscuelaDeChicago

20) Su Ademán frente al erario, recursos de la naciónMX o licitaciones era "Estos *Pa' Mickey*, estos *Pa' ti* ".

$\therefore$ Mickey>Pati ; Pati$\in$Mickey ; Pati$\approx$Mickey;

$\equiv$ $\lim_{\chi \to \$} f(\text{☢})$=Alemán ; Xodió(Alemán,México) ; $\forall$☢ Alemán (☢);

:= Si Alemán$\Rightarrow$☢ y ☢$\Rightarrow$☢☢ se escribe Alemán$\Rightarrow$☢☢ ; $\neg$☢$\Leftrightarrow\neg$☢☢$\Rightarrow$☺

Y, Mickey personifica el imperio que ha construido (con mi, tu, su –*ella*, su –*el*, nuestro 💰), al igual que otro Ratón-on sonado.

21) Texto codificado en escritura Leet, también conocida como 1337, elite, eleet, leetspeak, l33t, 31337 o 3l33t. En este sistema de cifrado, las letras son intercambiadas por símbolos y números, por ejemplo: (,)=Q, (_)=U, 3=E, 0=O, 6=G, T=7.

22) Lástima mi Gilito. El pollo (giro) nayarita que no pudo ser el gallo tapado que fumaba elegantes sic. (delicados). Karma Prieto (Crispín) con el Dharma del Fomento (Agrícola). ♟ .
Más sabe el Faquir por momia que por diablo, el *ex-preciso* Adolfo I jugaba ajedrez con sus

concesionados y cuando sus peones obtenían el hueso se escuchaba: "!Ya Salimos de Pobres!".

23) Proverbio acuñado en *el Lugar Donde Abunda la Obsidiana. Lopillos* se la sacó…. de las mangotas.

24) Favor de firmar la siguiente petición:
www.change.org/p/grupo-aeroportuario-del-pacífico-cambiar-el-nombre-del-aeropuerto-internacional-de-puerto-vallarta-pvr-gustavo-díaz-ordaz

25) *Cachaputero* es un acrónimo que denomina al finísimo político que es camaleón, chapulín y chaquetero. El tránsfuga se mimetiza, al cambiar de color/partido (camaleón), para lograr la transición a un nuevo puesto/hueso (chapulín), y de esta forma buscar *la perfección*; sin embargo, esta permuta/chaqueteo (chaquetero) tiene fines completamente individuales y no colectivos, es decir, una especie de onanismo político. Por ende, la máxima de Winston Churchill: "*Mejorar es cambiar, así que ser perfecto significa cambiar a menudo*" es nula en el contexto del cachaputero.

26) Cleptócrata del griego *klepto* (κλεπτο) que significa *robar*; y *kratos* (κράτος) que, usado en la composición de nombres y adjetivos, se traduce como *adepto, partidario, seguidor o miembro de un sistema político, gobierno o autoridad*. Por lo tanto, un cleptócrata, que practica la cleptocracia, es una rata del nivel del Sensei Splinter, pero con un agudísimo sentido de la implicación: impunidad ⇒ corrupción y plenamente falto de integridad.

El símbolo de centavo (¢) alude al hecho de que el cleptócrata tiene gusto por el dinero de cualquier denominación, además, en su afán *klepto*, ha robado la letra "c" de la palabra (cleptócrata); en consecuencia, es posible usar la forma *cleptórata* como arcaísmo de cleptó¢rata.

27) *Charlie Charlie Challengue* es un desafío similar al juego de la lapicera (o lápiz), donde se hacen preguntas y un espíritu (*Charlie*→Carlos) se *presenta* para *responder, dejando caer* uno de los lápices sobre el *papel*, en el cuadrante correspondiente a *su respuesta*. De forma muy similar, Salinas siempre se *presenta* en las decisiones y elecciones importantes del país, y a Carlos→*Charlie*, le gusta *responder* en *papel* (libros), *dejando caer* su maldad, sin pelos, sobre el angustiado *Ombligo de la Luna*. Cabe destacar que, Carlitos, aunque tiene un par de radares notables, a veces no entiende o no quiere entender la pregunta. Como PRImicia, se muestra uno de los tantos formatos del reto #CarlosCharlie; para ello, habrá que colocar dos lápices haciendo una espantosa X (como la de una boleta electoral), hacer una pregunta sobre sus PRIvadas fechorías, girar el lápiz y esperar el PRImoroso resultado. En dado caso que los lápices no dejen de girar, o sea, se caiga el sistema, Manuel, ha de ser Bartlett, de nuevo ha interferido en el sistema.

28) La cedilla (¸) es un signo ortográfico desaparecido del español. Mientras tanto, el carácter ordinal (º) es un indicador del género masculino. *Got it?*

29) También conocido como "El Robo del Siglo", "El Fraude del Milenio", "El Robo Más Grande, Después de la Conquista de México", "El Gran Atentado Contra la Economía", "El Fraude Más Grande en la Historia del País", "Deuda Pública Inconstitucional", "El Rescate Bancario del '98 Mayor que el Implementado por Estados Unidos *–tras su crisis financiera de 2008*", "Maridaje del PRI y PAN", "El Fraude del Aparato Neoliberal", "Padre de Pepe Meade 'Joder'", "El Roba-y-cobra", "Enclave para el Clave 5in las Claves", "Operación Saquear, Rescatar, Salvar y Sanear" o "Fondo Bancario de Protección al Ahorro". Como toda *antiutopía* histórica mexicana, debemos

untarle resina…ción y sonreír con ella, recuerde que no es lo mismo "parodiarle los hechos al PRIAN", que "al PRIAN, para odiarle los hechos"; no es lo mismo "con este tema la tecnocracia mandó una esquela del FOBAPROA", a "es que la tecnocracia este mamando del FOBAPROA". Así que, para la siguiente parodia, "El No al No al Fobaproa", imaginemos que el PRI le propone (le sopla) lo siguiente a los arquetipos de Rob Her *el Ramamex*. 🎤

El No al No al Fobaproa

Cuándo quieras tú, hurtar mucho más
Y estafar con el PRI, yo sé de un caudal

Que te regalaré
(Robemos al Fobaproa)

Y con impunidad
(Fraude al Fobaproa)

De una monto que
Nunca pagarás

¿Quieres pactar con los del moche?

Robemos al Fobaproa, Fobaproa, Fobaproa, Fobaproa, Fobaproa
y nunca vamos a pagar
Defraudemos al Fobaproa, Fobaproa, Fobaproa, Fobaproa,
Fobaproa y nunca vamos a pagar

Estos sexenios tienen clientes
El amasiato es diferente
Donde el 12 de diciembre
Endeudarás ochenta años… al país

El IPAB como deponente
Prestamos fantasma y lo que entre
Y Neoliberales alegremente
Meterán todas sus deudas… Mackey

(como dijera Portillo, Salinas, Zedillo, Fox, Calderón)
Jajaja-a ja-a ja-a

552 mil 300 millones de pesos por favor
PRI y PAN PRI y PAN PRI y PAN PRI y PAN

¿Quieres pactar con los del moche?

Robemos al Fobaproa, Fobaproa, Fobaproa, Fobaproa, Fobaproa
y nunca lo vamos a pagar
Defraudemos al Fobaproa, Fobaproa, Fobaproa, Fobaproa,
Fobaproa y nunca la vamos a pagar
Endeudemos al Fobaproa, Fobaproa, Fobaproa, Fobaproa,
Fobaproa y venga nuestra impunidad
Atentemos contra el Fobaproa, Fobaproa, Fobaproa, Fobaproa,
Fobaproa y gozamos la libertad

Manos al Fobaproa al Fobaproa
Pactamos pa' robar
No aprisionados nada más
Ni claves ya que dar

Banamex, Bancomer, Bital, Banorte, etc. y etc.
PRI y PAN PRI y PAN PRI y PAN PRI y PAN

30) *Estado falido, Estado falhado* o *Estado fracassado* son términos políticos proveniente del portugués que refieren al Estado fallido. El uso la letra "l" cursiva en "fal*l*ido", es un símbolo de que el Estado esta tan mal, que no garantiza los servicios básicos a todas las letras de la palabra,

resultando en la pérdida del control físico del territorio de la segunda "l", o quizá por el monopolio que ejerce la letra similar contigua, se crea una incapacidad de interactuar entre letras. Debido al fracaso en seguridad por parte del Estado de la palabra, la "l" termina siendo despojada, concibiendo así que la frase "Estado falido" signifique que el Estado ahora vale falo: *esta falido*.

31) Término *caverno-priista* porfiado, terco, obcecado, tesonero, testarudo, empecinado, obstinado, tozudo, caprichoso, intransigente, obsesionado, ofuscado, fanático, renuente, empedernido, impertinente, fastidioso, intransigente, em**peña**do, im**penitente**, muy recitado y recetado de forma recalcitrante por benefactores de este partido (p. ej. en Nayarit, México).

32) Composición de las palabras *stupid* (traducido como estúpido) y estupefaciente.

33) La expresión se puede utilizar para referirse al cumplimiento de un mandato presidencial priista, y lo que esto atañe. Naturalmente, la percepción de los hechos puede variar si se es un personaje que no vive fuera del presupuesto, o si se es parte de la *prole*. En consecuencia, esta locución puede encarnar lo siguiente:
a) Un simple fin de sexenio: sexenal.

b) Una Blitzkrieg efectuada para *joder (coger) a México* por el recto: sexanal (*anal sex* traducido como "sexo anal").

El tipo de encarnación puede ser sentida y percibida de acuerdo al nivel de saqueo, sistemático y/o *a la bartola,* de la economía del país (p. ej. crisis, inflación, devaluación, caída del PIB, escándalos mediáticos).

34) Desinformadores del sistema, a nómina o por trueque, que reciben *chayote* o *embute* ($).

35) Conjunto de lugares de trabajo de los pseudoperiodistas o pseudoanalistas: televisión, radio, prensa, cine, blogs, redes sociales, canales de internet, conferencias, mítines o cualquier otro medio. Del mismo modo, se entiende que al acumular tanto *chayote* se puede hacer *feria* para sustentar su *tan honrada labor.*

36) Traducido como "La Procrastinación Mexicana de la Democracia". Se deriva cuando un nutrido número de personas aceptan los recursos efímeros (despensas, gasolina, cemento, pollos, tinacos, láminas, *suvenires*, certificados de regalo de supermercados, tarjetas bancarias, tarjetas de recarga para celular, etcétera, etcétera, etcétera.) por parte del *PRI-en-modo-precampaña.* Todo esto para satisfacer un placer a muy corto plazo, en lugar de tomar decisiones racionales proyectando los efectos a largo plazo. Misma situación sucede

con los operadores de compra y coacción del voto (mapaches nacionales e internacionales). Análogamente, este padecimiento de recibir *recompensas instantáneas* no merecidas, sin razonar las consecuencias a largo plazo, puede ser el causante del altísimo índice de diabetes en México, causado por el consumo desmedido de refrescos de cola y bebidas azucaradas.

37) Vocablo griego que se usaba para aludir a las personas desinteresadas en la política o menesteres públicos, así mismo, eran percibidos como egoístas ante tal deshonra de la sociedad.

38) Luchemos para que se aplique el artículo 123 capítulo I del Código Penal Federal de la Constitución Política de los Estados Unidos Mexicanos.

39) A mí me ha de sonar como El Pendejo Nivel nacional; no, a menos, como a internacional. Asimismo, expresa que es una cabeza (o ya sea el copete, la cola, el pico o el *penis*) tan pequeña de la Hidra de Lerna que equivale *el Peni* (del inglés antiguo que significa *penny*) o en castellano *el Penique*. Solo para aclarar, quién controla *el Peni* es *Krang,* el Mirey Garay ¡Ah que Caray! Pronto Me ha de Xoder +&+ Méjico.

40) Palabra propuesta para definir este tipo de textos⊥T:

> Anatexto. Del prefijo griego *ana* (ὰvα) "de nuevo, de vuelta, repetición, contrariedad, hacia atrás, similitud" y del latín *textus*, participio de texto del verbo *texere* "tejer, trenzar, entrelazar". Por lo que se deduce que este nuevo vocablo es definido como: "Texto cuya serie de palabras están dispuestas de tal manera que resulta contradictoria leída de arriba hacia abajo que de abajo hacia arriba o de izquierda a derecha que de derecha a izquierda".

41) El texto se escribió de abajo hacia arriba, concordando con la manera de como **el cáncer** de la sociedad mexicana, mejor conocido como el **Partido Revolucionario Institucional (PRI)**, tiene al país, de cabeza.

42) *Oh yeah*, otra de las múltiples joyitas disponibles en internet. Véase *Referencias W.*

43) Áreas que han formado parte de los magnánimos informes de *des*gobierno de la NaciónMX.

Asunto: **Agradecimiento**

Excmª. Excmo. Excm^ito. Excmo^ita. Excm@. Lectoras Lectores
Lectorcitos Lectorcitas Lector@s

P R E S E N T E

       Es nuestro deber y fuente de salvación darle las
gracias y reconocerle siempre y en todo por **ler** (dijera Nuño)
hasta este punto⸴.

       Hemos **volvido** (dijera Peña) a editar la obra,
deseamos también usted sea parte del juego en nuestra
siguiente aventura; ¡A̲ ganar! no se detenga, usted será el
elector.

       Resolvido (dijera Kuribreña) o no el tema de la
democracia, para entender la noticia, no la tiene que ver con
las estrellas, sino en quién y cómo le han dejado huella.

       En el anexo, le están sirviendo ya las del estribo
(ahorita ya no sé si tengo fe).

       Reiteramos el agradecimiento a su fina atención,
quedamos a sus órdenes y reciba un muy cordial ¡salud!

Congratulaciones y Viva el Presente.

Cristian J. H. M.

MundoAbisal

Anexo: **Las del Estribo**

"Dependiendo la altura, la **G**ravedad es diferente en cada parte del mundo"

"Ser Estocolmado, ¿sabes que tanto te han violado los derechos
(de tu derecha)?"

"🐎 ¿Y si el Señor Áhvil Ah Camocho hubiera tenido todos
los caballos y caballitos del mundito? 🐎"

"Nos tardamos veinticinco años… pero llegamos…. a chingarlos más años"

#EsElPRIWei
#AntidemocraciaInjusticiaSocial
#AntologíaDelPorquéMéxicoNecesitaAlPRI

<u>REFERENCIAS</u>

A.   Cuándo se Empezó a Xoder Méjico Biblioteca Rius – GRIJALBO

B.   Picardía Mexicana Armando Jiménez–RM

C.   ClioTVmx- Sexenios Presidenciales
youtube.com/playlist?list=PLf1_zA2s4WAMOFeuM-pnmSB_Wh5T5NXl6

D.   Olallo Rubio youtube.com/channel/UCXedmkF46K3lAL_jGhTNkJg

E.   Apodos de los Personajes de la Historia
expedienteultra.com/apodos-con-que-se-ha-bautizado-a-los-personajes-de-la-historia/

F.   Conferencia "De Madero a Obregón, 5 locos en la Revolución Mexicana" youtube.com/watch?v=u2duABXj1PQ

G.   Porfirio Díaz: ¿Héroe o villano?
youtube.com/watch?v=1I5vwDjuo3M&t=6s

H.   La Historia a Debate: "Victoriano Huerta"
youtube.com/watch?v=ncurJtx3zoo&t=858s

I.   ¿Quién es La Cucaracha? es.wikipedia.org/wiki/La_cucaracha

J.   Memoria Política de México - Miguel Alemán Valdés
memoriapoliticademexico.org/Biografias/AVM00.html

K.   El Guatemalteco que Gobernó México
dossierpolitico.com/vernoticiasanteriores.php?artid=61882&relacion=dossierpolitico

L.   Gustav Gun - El Cañón Más Grande Jamás Utilizado en la Historia Militar www.ranker.com/list/nazi-gustav-gun/kellie-kreiss

M.   Fobaproa: El Fraude del Siglo
youtube.com/watch?v=rTvNYNlwnME

N.   Fondo Bancario de Protección al Ahorro
es.wikipedia.org/wiki/Fondo_Bancario_de_Protecci%C3%B3n_al_Ahorro

O.   Definición de Licenciado es.thefreedictionary.com/licenciado

P.   México es.wikipedia.org/wiki/M%C3%A9xico

Q.   Palabra idiotez Detallada es.wikipedia.org/wiki/Idiotez

R.   Hidra de Lerna es.wikipedia.org/wiki/Hidra_de_Lerna

S.   CEN del PRI - 20 de Febrero. Día Mundial de la Justicia Social pri.org.mx/SomosPRI/blog/bloog.aspx?y=17870

T.   Proceso - De Los Gobiernos Priistas, Emilio Azcárraga ha Recibido Todos los Favores y, Como Priista Confeso, Sabe Ser Agradecido
www.proceso.com.mx/165725/de-los-gobiernos-priistas-emilio-azcarraga-ha-recibido-todos-los-favores-y-como-priista-confeso-sabe-ser-agradecido

U.   Ejemplos Prefijo - Ana gramaticas.net/2011/01/ejemplos-prefijo-ana.html

V.   Diccionario Etimológico - Texto etimologias.dechile.net/?texto

W.   Video del ClubdeFansEPN - El Día en que Conocí a Enrique Peña Nieto youtube.com/watch?v=vt-8JC2Koo4

X.   5to. Informe de Gobierno (México) cdn.presidencia.gob.mx/quintoinforme/Quinto_Informe_de_Gobierno_2017.pdf

Y.   Isla de basura es.wikipedia.org/wiki/Isla_de_basura

Z.   Significado de Cleptocracia es.wikipedia.org/wiki/Cleptocracia

AA.   Splinter es.wikipedia.org/wiki/Splinter_(Tortugas_ninja)

BB.   Bajo la Lupa jornada.unam.mx/2014/12/17/opinion/018o1pol

CC.   Stalin y Trotski son vecinos: siete calles con nombres rusos en México D.F. es.rbth.com/viajes/79175-stalin-trotski-son-vecinos-siete

DD.   Alejandro Rosas "Muera Huerta" @arr1910 twitter.com/arr1910/status/899484544184791044

EE.   La tumba sin sosiego de Huerta, en el ruidoso cementerio de Evergreen proceso.com.mx/182993/la-tumba-sin-sosiego-de-huerta-en-el-ruidoso-cementerio-de-evergreen

FF.   Colotlán es.wikipedia.org/wiki/Colotl%C3%A1n

GG.   Cuencame 1914 peso KM-621 coinfactswiki.com/wiki/Cuencame_1914_peso_KM-621

HH.   SOB urbandictionary.com/define.php?term=SOB

II.   Vocabulario Huichol – Castellano, Castellano – Huichol sil.org/system/files/reapdata/10/18/49/10184992702786426776837734155772705126 2/G049b_VocHuicholFacs_hch.pdf

JJ.   Guía para Sobrevivir a la Horrible Pálida dailytrend.mx/natural/que-hacer-con-la-palida-marihuana

KK.   Renuncia de Victoriano Huerta mediateca.inah.gob.mx/repositorio/islandora/object/fotografia:56832

LL.   Invictus (poema) es.wikipedia.org/wiki/Invictus_(poema)

MM.   Tratado de Bucareli es.wikipedia.org/wiki/Tratado_de_Bucareli

NN.   Síndrome de Estocolmo es.wikipedia.org/wiki/S%C3%ADndrome_de_Estocolmo

OO.   Enfermedad de Alzheimer es.wikipedia.org/wiki/Enfermedad_de_Alzheimer

PP.   Protocolo de Estambul es.wikipedia.org/wiki/Protocolo_de_Estambul

QQ.   Beggar my Neighbour es.wikipedia.org/wiki/Beggar_my_neighbour

RR.   Alfredo Jalife - Bajo la lupa: Calexit: Secesión del nuevo califato de California jornada.unam.mx/2016/12/21/opinion/012o1pol

SS.   Chicago Boys es.wikipedia.org/wiki/Chicago_Boys

INSPIRACIÓN

❧ los periodistas exterminados, desaparecidos y amordazados × El narco✝desgobierno: Asesinados · Sometidos en el cumplimiento de su deber.
Ωprimidos · Atentados a causa de su deber.

📖 Contigo Aprendí

- Lorenzo Francisco Meyer Cossío.
- Alfredo Jalife-Rahme Barrios.
- Edgardo A. Buscaglia.
- Rafael Barajas Durán "El Fisgón".
- Olallo Rubio Maauad.
- Alejandro Rosas Robles.
- Paco Ignacio Taibo II.
- Carlos Fuentes Macías.
- Eduardo Humberto del Río García "Rius".
- Enrique Galván Ochoa.
- Sergio Aguayo Quezada.
- Jenaro Villamil Rodríguez.
- Julio "Astillero" Hernández López.
- Álvaro Delgado Gómez.
- José Jorge García "Monero" Hernández.
- Antonio Helguera Martínez.
- Víctor Alberto Trujillo Matamoros "Brozo".
- María Amparo Casar.
- Leonardo Antonio Curzio Gutiérrez.

☵ Leitmotiv

- María del Carmen Aristegui Flores.
- El 5anto.
- Anabel Hernández García.
- Lydia María Cacho Ribeiro.
- Ana Lilia Pérez Mendoza.
- Candido Rios Vazquez "Pabuche".
- Julio Scherer García.
- Enrique Flores Magón.
- Ricardo Flores Magón.
- Lázaro Cárdenas del Río.

- José Manuel Mireles Valverde.
- José Doroteo Arango Arámbula "Francisco 'Pancho' Villa".
- Roberto "El Panzón" Soto.
- Jesús Martínez Rentería "Palillo".
- Armando Jiménez Farías.
- José Antonio Cisneros "Genovevo Palasuya".
- Jorge Ibargüengoitia Antillón.
- Raúl Prieto Río de la Loza "Nikito Nipongo".
- Felipe A. Rodríguez García.

❧ VerEscuchar

- IPN Once TV México - Primer Plano.
- La Brigada para Leer en Libertad.
- Vice Media.
- La Sombra del Caudillo (1960).
- Antes de que Nos Olviden (2014).
- Mirar Morir: El Ejército en la Noche de Iguala (2015).
- Cartel Land (2015).
- Zeitgeist Series.
- Dancer in the Dark (2000).
- Björk – Declare Independence (2008).
- Pony Bravo – El Político Neoliberal (2013).
- Molotov – Gimme Tha Power (1997).
- Godspeed You! Black Emperor.
- Imogen Jennifer Jane Heap.
- Salvador "Chava" Flores Rivera.
- José Alfredo Jiménez.
- Germán Genaro Cipriano Gómez de Valdés y Castillo "Tin Tan".

麾 Otro tipo de infrastructochor

- John William Oliver.
- Seth Adam Meyers.
- Seth Woodbury MacFarlane.
- William "Bill" Maher.
- Penn Fraser Jillette.
- Raymond Joseph Teller.
- Sacha Noam Baron Cohen "Borat Sagdiyev".
- Anderson Hays Cooper.
- Edward Joseph Snowden.
- Michael Che Campbell.
- Ryan Lee Stiles.
- Jessica Mitolo.
- Jay Sukow.
- Rémi Gaillard.
- Roberto Saviano.
- Giovanni Salvatore Augusto Falcone

ACERCA DE...

Ing. Cristian T. Hernández Meza
1981 – Ixtlán del Río, Nayarit, México
<u>**Analista Político**</u>

Ha invertido gran parte de su vida analizando la política mexicana, politólogos y medios de comunicación. Debido a la situación que atraviesa su país de origen, en Febrero 18 de 2014, decidió crear el programa **MundoAbisal**, *Lugar de la Indie Music & Indie News*, que transmite información del acontecer político en forma de sketches y parodias, asimismo, se difunden nuevas propuestas musicales. Además, cuenta con la sección deVagada, donde se relatan travesías de los hasta ahora 17 países visitados. Graduado como Ingeniero en Sistemas Computacionales del Instituto Tecnológico de Ciudad Guzmán, completó sus estudios de Improvisación en The Second City, se certificó como productor y editor en CAN TV, y ha poseído las certificaciones de CCNA, CSM y CSPO. Actualmente es presentador, productor y consultor de proyectos de tecnologías de la información.

Twitter: **@cristhm**

Mcc. Nadezhda Vladimirovna Pimenova Gercen
1982 – Cheliábinsk, Unión Soviética
<u>**Investigador**</u>

Causante del génesis de este libro. Nacida en los tiempos de la Unión Soviética, experimentó de primera mano las etapas del poder político que afectaron dramáticamente la vida de las personas: La Perestroika (1985-1991), la Disolución de la URSS (1990-1991), la Crisis Constitucional Rusa (1993) y el ascenso de Vladimir Vladimirovich Putin (2000). Durante su estancia en la Universidad Estatal del Sur de Ural, impartió cátedra, publicó artículos científicos e hizo investigaciones en el área de la inteligencia artificial (IA). Ávida lectora, repostera, pintora y en la actualidad se desempeña como arquitecta de software en Chicago, IL, USA además de contribuir como entrevistadora para **MundoAbisal**.

Mtro. Hessael Muñoz Flores
1983 – Zapopan, Jalisco, México
<u>**Pedagogo Activista**</u>

Se considera natal del mundo hidalguista, juarista y villista. Su impulso hacia la crítica del sistema en potencia se lo debe al video **"Libros que ¿ha leído? Peña Nieto"**. Lector de filosofía, historia y ciencia. Maestro surgido del normalismo, activista antineoliberal y existencialista. Crítico y creador de la sección "Caja de Pandora" en **MundoAbisal**. Del '83. Recuerda con nitidez la época macabra del chupacabras, la CONASUPO y una parte del salinismo. Produce material audiovisual como forma crítica del sistema. Líder municipal magisterial. Tiene una maestría en Metodología de la Enseñanza y ha impartido clases en primaria, secundaria y bachillerato. Fundador del movimiento "Colectivo 39" que pugna en contra del *gasolinazo* impuesto a inicios de 2017 en México.

Twitter: **@apolohessi**

Los Contribuyentes

El 5anto
どうもありがとうございます

Formación y Corrección
Ing. Paulina Ximena Casillas Escobedo
Ing. Gabriela Guadalupe Vargas Gutiérrez
Lic. Brisa Lorena Barbosa Magaña
Lic. Ileana Ivette Olivo Valencia

Asesoría Legal
Lic. Carlos A. de La Cruz Meza
Lic. José de Jesús Cortes Muro

Derechos de Autor
Mtra. Alicia Zúñiga Llamas
Lic. Edith Magdalena Ortiz Rodriguez

Musicalización y Gráficos para Presentaciones
MundoAbisal

Presentación, Ampliación y Profundización
fb.com/MundoAbisal
@AbisalMundo

Mí, ti, ella, él, usted, nosotros, nosotras, nosotr@s, ell@s, ellas, ellos, ustedes

```asm
DATA SEGMENT
        QUESTION DB "¿ LISTO PARA COMBATIR THE MEXICAN PROCRASTINATION OF THE
        DEMOCRACY ? S/N:$"
    ANSWER DB ?
ENDS

CODE SEGMENT
    ASSUME DS:DATA CS:CODE

CORRUPCION_IMPUNIDAD:
    RET
BALCANIZACIONMEXICANA_PALESTINIZACIONMEXICANA:
    RET
NEPOTISMO_CLIENTELISMO_PECULADO:
    RET
REPRESION_DESPOTISMO_AUTORITARISMO:
    RET
AUTOCRACIA_PARTIDOCRACIA_MAFIOCRACIA_PLUTOCRACIA_CLEPTOCRACIA_DICTADURA:
    RET
DESIGUALDAD_DISCRIMINACION:
    RET
ESTADOFALLIDO:
    RET
IMPERIALISMOSEXÆNAL:
    RET
IGNORANCIA_ANALFABETISMO_SOPOR:
    RET
PROSTIPERIODISMO_CHAYOTERISMO:
    RET
CONTRARREVOLUCION_SOCIETECAVIAR:
    RET
DISTOPIA:
    RET
TRAICION_A_LA_PATRIA:
    RET
DEMOCRACIA_Y_JUSTICIA_SOCIAL:
    RET

START:
    MOV AX,DATA
    MOV DS,AX

PRI_LA_DICTADURA_PERFECTA:
    CALL CORRUPCION_IMPUNIDAD
    CALL BALCANIZACIONMEXICANA_PALESTINIZACIONMEXICANA
    CALL NEPOTISMO_CLIENTELISMO_PECULADO
    CALL REPRESION_DESPOTISMO_AUTORITARISMO
    CALL AUTOCRACIA_PARTIDOCRACIA_MAFIOCRACIA_PLUTOCRACIA_CLEPTOCRACIA_DICTADURA
    CALL DESIGUALDAD_DISCRIMINACION
    CALL ESTADOFALLIDO
    CALL IMPERIALISMOSEXÆNAL
    CALL IGNORANCIA_ANALFABETISMO_SOPOR
    CALL PROSTIPERIODISMO_CHAYOTERISMO
    CALL CONTRARREVOLUCION_SOCIETECAVIAR
    CALL DISTOPIA
    CALL TRAICION_A_LA_PATRIA

    LEA DX,QUESTION
    MOV AH,9
    INT 21H

    MOV AH,1
    INT 21H
    MOV ANSWER,AL

    CMP ANSWER,'S'
```

```asm
    JNE PRI_LA_DICTADURA_PERFECTA

    CALL DEMOCRACIA_Y_JUSTICIA_SOCIAL

    MOV AH,4CH
    INT 21H

ENDS
END START
```

EPÍLOGO

El 5anto
Ruy Salgado

El mundo, y en particular el país donde nos tocó nacer, está plagado de opiniones que en su gran mayoría están compuestas de un alto porcentaje de emoción y por regla general un bajísimo componente de información. Como consecuencia, las discusiones en general tienden a ser locuciones hormonales cuya conclusión no pasa de un choque entre borregos tan efímero como el resultado de un partido de fútbol. De tal manera que una obra como ésta no es sólo un llamado a elevar la concentración de información en las opiniones, sino una fuerte invitación a darnos cuenta de lo poco que sabemos sobre lo que conocemos perfectamente. Es un llamado a la acción a la vez que es una gran reflexión acerca de la necesidad que el ser humano tiene de los males oncológicos.

Lunes, Diciembre 4, 2017 7:59 PM (UTC-7)

つづく

www.ingramcontent.com/pod-product-compliance
Lightning Source LLC
Chambersburg PA
CBHW051823250726
48659CB00005B/1649